Neville Gabie
Tore

LONGFELLOW ST

Neville Gabie

TORE

sanssouci

Die Torpfosten und die Querlatte dürfen höchstens 12 cm breit und tief sein. Alle müssen die gleiche Form haben.

FIFA Regelwerk

Both goalposts and the crossbar have the same width and depth, which do not exceed 12 cm (5 ins).

FIFA Regulations

Zrig, Tunesien

Torpfosten und Querlatte müssen die gleiche Form haben

1st de Mayo, Paraguay
Busan, Südkorea
Nqutu, Südafrika

Torpfosten und Querlatte müssen die gleiche Form haben

Grimsby, England
Parati, Brasilien

Das Spielfeld wird mit Linien abgegrenzt.
Alle Linien dürfen höchstens 12 cm breit sein.

FIFA Regelwerk

The field of play is marked with lines.
All lines are not more than 12 cm (5 ins) wide.

FIFA Regulations

Spitzkoppe, Namibia

Das Spielfeld wird mit Linien abgegrenzt

Bristol, England
Buenos Aires, Argentinien

Das Spielfeld wird mit Linien abgegrenzt

Teneriffa, Spanien
Asunción, Paraguay

Die Torpfosten und Querlatten müssen aus Holz, Metall oder einem anderen genehmigten Material bestehen.

FIFA Regelwerk

Goalposts and crossbars must be made of wood, metal or other approved material.

FIFA Regulations

Londonderry, Nordirland

Falls die Querlatte verschoben wird oder bricht, ist das Spiel zu unterbrechen, bis sie repariert oder wieder in die richtige Lage gebracht ist. Das Spiel ist abzubrechen, wenn dies nicht möglich ist.

FIFA Regelwerk

If the crossbar becomes displaced or broken, play is stopped until it has been repaired or replaced in position. If a repair is not possible, the match is abandoned.

FIFA Regulations

Bulawayo, Simbabwe

Falls die Querlatte bricht, ist das Spiel zu unterbrechen

Serowe, Botswana
Coromandel, Neuseeland

Falls die Querlatte bricht, ist das Spiel zu unterbrechen

Herne, Deutschland
Greylingstad, Südafrika

In der Mitte jeder Torlinie sind die Tore aufzustellen.

FIFA Regelwerk

Goals must be placed on the centre of each goal line.

FIFA Regulations

Suwałki, Polen

NBA
NBA!!!

Netze können an den Pfosten, an der Querlatte und am Boden hinter den Toren befestigt sein. Sie sollen in geeigneter Weise abgestützt und so angebracht sein, dass dem Torwart genügend Raum verbleibt.

FIFA Regelwerk

Nets may be attached to the goals and the ground behind the goal, provided that they are properly supported and do not interfere with the goalkeeper.

FIFA Regulations

Cornwall, England

Netze können an den Pfosten befestigt sein

Isle of Lewis, Schottland
Varda, Griechenland
Harris, Äußere Hebriden

Netze können an den Pfosten befestigt sein

Downpatrick, Irland
Harris, Äußere Hebriden
Glasgow, Schottland

Netze können an den Pfosten befestigt sein

Maria Auxiliadora, Paraguay
Asunción, Paraguay

Netze können an den Pfosten befestigt sein

Fort William, Schottland
Lochalsh, Schottland

Die Tore müssen fest im Boden verankert sein. Tragbare Tore dürfen nur verwendet werden, wenn sie dieser Anforderung entsprechen.

FIFA Regelwerk

Goals must be anchored securely to the ground. Portable goals may only be used if they satisfy this requirement.

FIFA Regulations

Clogger Head, Irland

Sie bestehen aus zwei senkrechten Pfosten, die in gleichem Abstand zu den Eckfahnen stehen und durch eine Querlatte verbunden sind. Die Unterkante der Querlatte ist 2,44 m vom Boden entfernt.

FIFA Regelwerk

They consist of two upright posts equidistant from the corner flagposts and joined at the top by a horizontal crossbar. The distance from the lower edge of the crossbar to the ground is 2,44 m (8 ft).

FIFA Regulations

Francistown, Botswana

Die Tore bestehen aus zwei senkrechten Pfosten verbunden durch eine Querlatte

Le Kef, Tunesien
Buenos Aires, Argentinien
Mareth, Tunesien

Die Tore bestehen aus zwei senkrechten Pfosten verbunden durch eine Querlatte

Berlin, Deutschland
Feriana, Tunesien
Sossusvlei, Namibia

Das Spielfeld muss rechtwinklig sein.

FIFA Regelwerk

The field of play must be rectangular.

FIFA Regulations

Lissabon, Portugal

MARIA
CAMPO
FIXE
CHINA

An jeder Ecke wird eine Fahne an einer Stange, die nicht unter 1,50 m hoch und oben nicht spitz sein darf, angebracht.

FIFA Regelwerk

A flagpost, not less than 1,5 m (5 ft) high, with a non-pointed top and a flag is placed at each corner.

FIFA Regulations

Belfast, Nordirland

BY ORDER
EAST BELFAST REGIMENT
FOR GOD AND ULSTER
Proctor UFF

An jeder Ecke wird eine Fahne an einer Stange angebracht

Belfast, Nordirland
Buenos Aires, Argentinien

An jeder Ecke wird eine Fahne an einer Stange angebracht

Marseilles, Frankreich
Aylesbury, England

In jedem Strafraum, 11 m vom Mittelpunkt der Torlinie zwischen den Pfosten und gleich weit von beiden Pfosten entfernt, ist die Strafstossmarke als sichtbares Zeichen anzubringen.

FIFA Regelwerk

Within each penalty area, a penalty mark is made 11 m (12 yds) from the midpoint between the goalposts and equidistant to them.

FIFA Regulations

Dunkerque, Frankreich

Spiele können in Übereinstimmung mit den Wettbewerbsbestimmungen auf einer natürlichen oder künstlichen Unterlage ausgetragen werden. Werden Spiele auf einer künstlichen Unterlage ausgetragen, so muss diese den Anforderungen des FIFA-Qualitätskonzepts für Kunstrasen oder des Labels »International Artificial Turf Standard« entsprechen.

FIFA Regelwerk

Matches may be played on natural or artificial surfaces, according to the rules of the competition. Where artificial surfaces are used, the surface must meet the requirements of the FIFA Quality Concept for Artificial Turf or the International Artificial Turf Standard.

FIFA Regulations

Jena, Deutschland

Natürliche oder künstliche Unterlage

1 | 2
3 | 4

Liverpool, England
Jericho, Israel
Liverpool, England
Parnu, Estland

Liverpool, England
Bootle, England
Japuiba, Brasilien

Pfosten und Querlatten müssen weiss sein.

FIFA Regelwerk

The goalposts and the crossbars must be white.

FIFA Regulations

Quijing, China

體育運動增強人民體

Pfosten und Querlatten müssen weiss sein

Asunción, Paraguay
Rio de Janeiro, Brasilien
Dachra, Tunesien

Pfosten und Querlatten müssen weiss sein

1 | 2
3 | 4

Pont d'Ardres, Frankreich
Skopje, Mazedonien
St Martin de Crau, Frankreich
Cornwall, England

Die Verwendung eines Seiles anstelle der Querlatte ist nicht zulässig.

FIFA Regelwerk

The use of a rope to replace the crossbar is not permitted.

FIFA Regulations

Buenos Aires, Argentinien

Auf dem Spielfeld und seiner Ausstattung ist jede Art von Werbung, konkrete oder virtuelle, untersagt.

FIFA Regelwerk

No kind of commercial advertising, whether real or virtual, is permitted on the field of play and field equipment.

FIFA Regulations

Barnsley, England

Auf dem Spielfeld ist jede Art von Werbung untersagt

Suwałki, Polen
Liverpool, England

Auf dem Spielfeld ist jede Art von Werbung untersagt

Liverpool, England
Rio de Janeiro, Brasilien

Torpfosten und Querlatten können quadratisch, rechteckig, rund oder elliptisch sein, dürfen die Spieler aber in keiner Weise gefährden.

FIFA Regelwerk

Their shape may be square, rectangular, round or elliptical and they must not be dangerous to players.

FIFA Regulations

Newry, Nordirland

THE

Seine (des Schiedsrichters) Entscheidungen über Tatsachen, die mit dem Spiel zusammenhängen, sind endgültig: Dies kann die Entscheidung einschliessen, ob der Zustand des Spielfeldes oder seiner Umgebung oder die Wetterbedingungen ein Spiel zulassen oder nicht.

FIFA Regelwerk

The decisions of the referee regarding facts connected with play are final: This may include a decision that the condition of the field of play or its surrounds or that the weather conditions are such as to allow or not to allow a match to take place.

FIFA Regulations

Tewkesbury, England

1 | 2
3 | 4

Augustów, Polen
Tewkesbury, England
Bergville, Südafrika
Riga, Lettland

1 | 2
3 | 4

Salaspils, Lettland
Serra Da Bocaina, Brasilien
Pułtusk, Polen
Iecava, Polen

Ein Tor ist gültig erzielt, wenn der Ball die Torlinie zwischen den Torpfosten und unterhalb der Querlatte vollständig überquert hat.

FIFA Regelwerk

A goal is scored when the whole of the ball passes the goal line, between the goalposts and under the crossbar.

FIFA Regulations

Glasgow, Schottland

SM

Der Ball muss die Torlinie vollständig überqueren

Berkeley, England
Manchester, England
Glasgow, Schottland

Der Ball muss die Torlinie vollständig überqueren

Buenos Aires, Argentinien
Belfast, Nordirland

Neville Gabie wurde 1959 in Johannesburg, Südafrika geboren. Heute lebt und arbeitet er in Stroud, England. Neville Gabie hat am Royal College of Art in London Bildhauerei studiert, heute macht allerdings die Fotografie einen großen Teil seiner künstlerischen Arbeit aus. Seine Tore-Fotos hat er bereits mehrfach ausgestellt, unter anderem in Südafrika, Japan, Korea, Großbritannien, Deutschland und in der Schweiz. In diesem Buch treffen zwei seiner Leidenschaften aufeinander: der Fußball und die Fotografie. Neville Gabie ist ein langjähriger Liverpool Fan.

1 2 3 4 5 10 09 08 07 06

ISBN-10: 3-7254-1401-7
ISBN-13: 978-3-7254-1401-7

Die englische Fassung »Posts« (Penguin Books 1999)
wurde für die deutsche Ausgabe komplett überarbeitet.

Überzug: Birgit Schweitzer, München, unter Verwendung
zweier Fotografien von Neville Gabie
Satz und Layout: Nina Engel, München
Druck und Bindung: Kösel, Krugzell
Printed in Germany